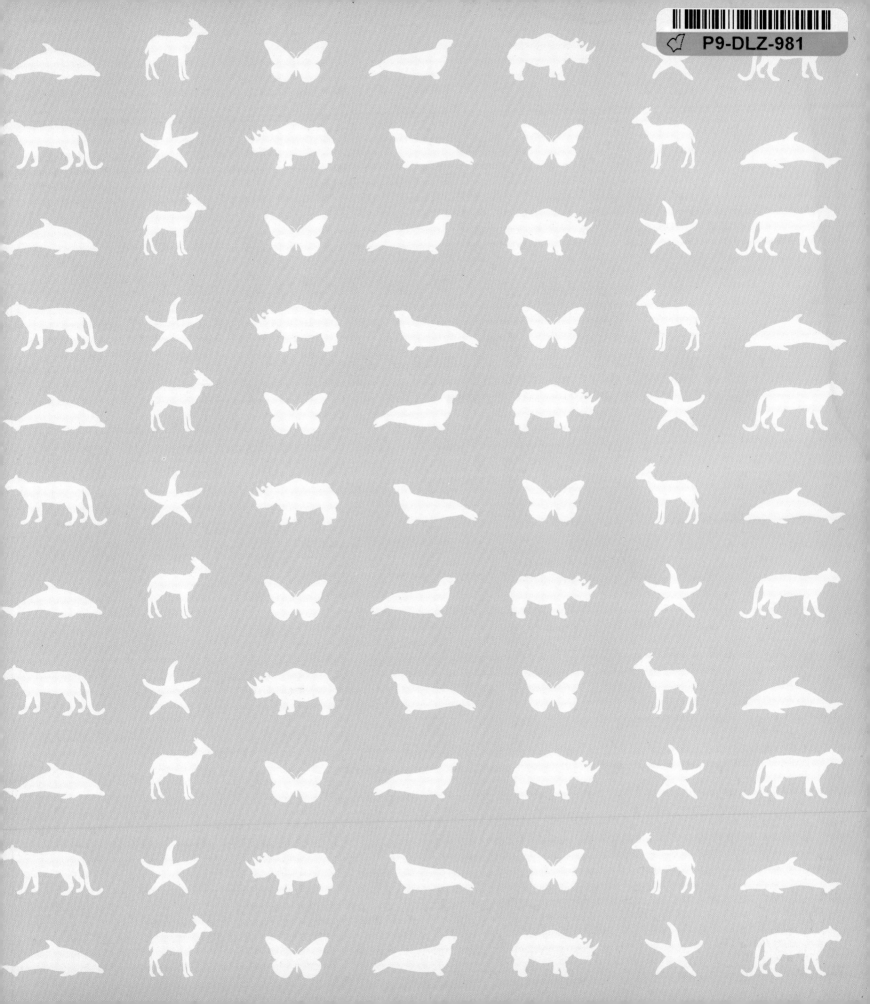

Moonstone Press

Editora de proyecto: Stephanie Maze
Directora de arte: Alexandra Littlehales
Editora: Rebecca Barns

PHOTOGRAFIA: Portada: © 2002 Medford Taylor/National Geographic Image Collection;
Contraportada: © 2002 Michael Fogden/DRK Photo; © 2002 Frans Lanting/Minden Pictures;
© 2002 Flip Nicklin/Minden Pictures; © 2002 Medford Taylor/National Geographic Image Collection;
© 2002 Jack Wilburn/Animals Animals; © 2002 Michio Hoshino/Minden Pictures;
© 2002 Frans Lanting/Minden Pictures; © 2002 Belinda Wright/DRK Photo;
© 2002 Fred Bavendam/Minden Pictures; © 2002 John Cancalosi/DRK Photo;
© 2002 Fabio Colombini/Animals Animals; © 2002 Frans Lanting/Minden Pictures;
© 2002 Fred Bavendam/Minden Pictures; © 2002 Frans Lanting/Minden Pictures;
© 2002 Michael Fogden/DRK Photo; © 2002 Frans Lanting/Minden Pictures.

Este título es parte de la serie, *Momentos en el reino animal*.
Derechos Reservados © 2002 por Moonstone Press, LLC

Publicado en Estados Unidos por Moonstone Press,
7820 Oracle Place, Potomac, Maryland 20854

ISBN 0-9707768-6-1
Library of Congress Cataloging-in-Publication Data
Beautiful moments in the wild. Spanish.
Momentos hermosos en el reino animal : los animales y sus colores.--1a ed.
p.cm.--(Momentos en el reino animal; 4)
Summary: Introduces colors found in nature through photographs of, and simple text about, such
diverse animals as a pink flamingo, a purple sea star, a yellow caterpillar, and a brown impala.
1. Color of animals--Juvenile literature.
[1. Color of animals. 2. Animals. 3. Spanish language materials.] I. Title II. Series.
QL767 .B3818 2002
590-dc21   2001059246

Primera edición

10 9 8 7 6 5 4 3 2 1

Printed in Singapore

Momentos hermosos

en el reino animal

Los animales y sus colores

En todo el mundo, los animales tienen muchos colores distintos.

Una familia de delfines **grises** juguetea en el fondo del mar.

Un hermoso flamenco **rosado** descansa el cuello contra su cuerpo.

Brillosas mariquitas **rojas** con puntitos **negros** se reúnen en algún lugar del bosque.

Una pequeña foca de pelo **blanco** se confunde con la nieve del paisaje.

Una manada sedienta de impalas de color **marrón** forma una fila para beber agua.

Una oruga **amarilla**
hambrienta devora
una hoja.

Un banco de peces **anaranjados** nada entre el arrecife de coral.

Una boa **verde**
se arrastra de
rama en rama
buscando comida.

Un grupo de ranas flecha **azules** se prepara para dormir cómodamente en los árboles.

Un rinoceronte **negro** y su bebé se levantan para jugar.

Una estrella de mar **violeta** se estira sobre un fondo de coral.

Las cebras a rayas **negras** y **blancas** se mantienen juntas para estar a salvo.

Algunas criaturas tales como esta mariposa alas de cristal son **transparentes**, y ¡casi no tienen color!

Otros animales, como estos
guacamayos, tienen un arco
iris de colores. ¿Qué colores
puedes ver?

Los animales del mundo son
de muchos colores distintos
—al igual que los seres humanos.

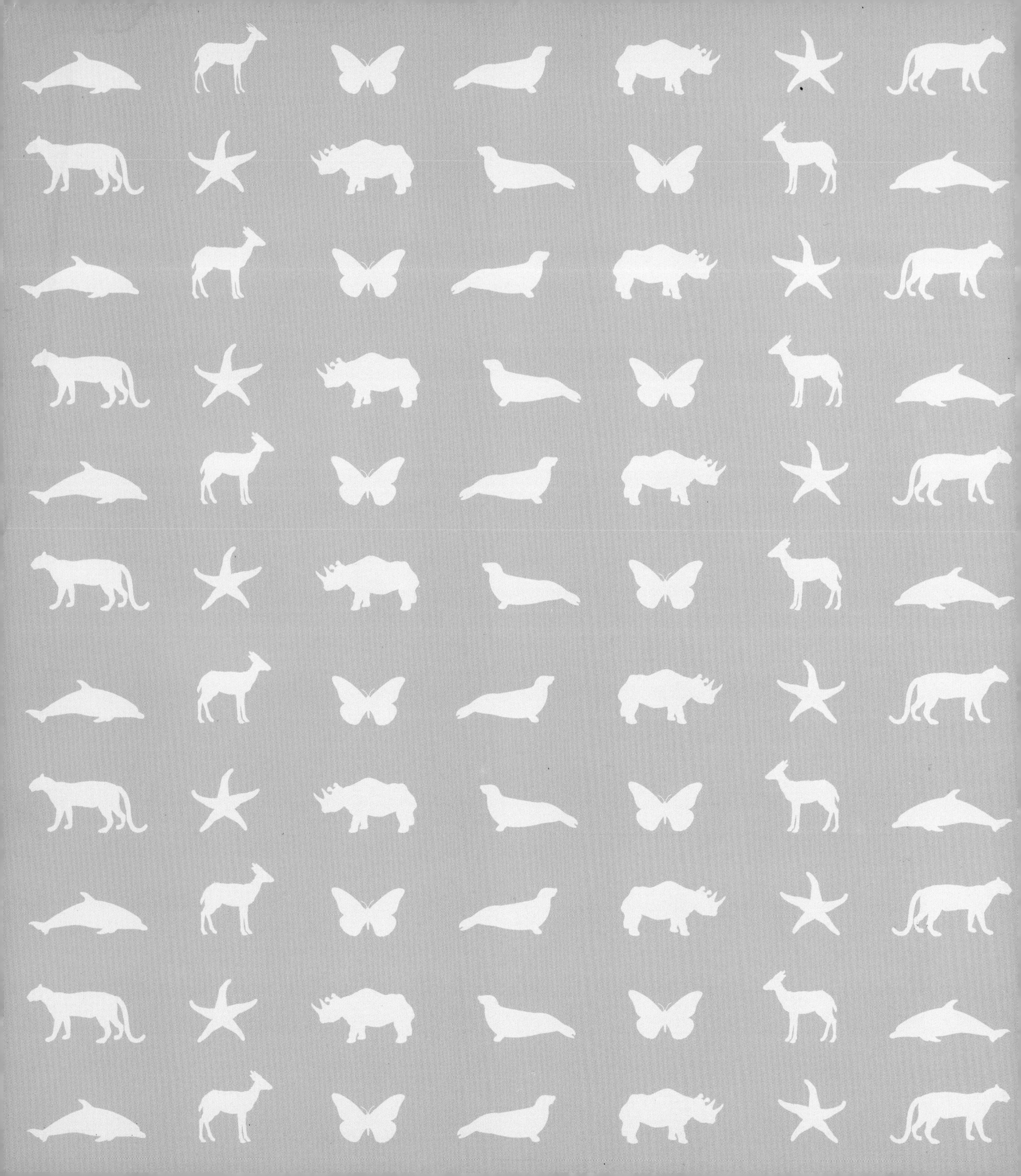